El psicólogo en la casa de empeño

DIEGO AUDINO SOLIS SILVA

DEDICATORIA

Quiero dedicar este libro a todas aquellas personas que son víctimas de un sistema que los oprime. Y que a pesar de la desventaja en la que se encuentran , luchan día tras día para poder llevar el pan a la mesa y mantener a sus familias.
Para todos ellos mi mas grande admiración y respeto.

CONTENIDO

AGRADECIMIENTOS

Quiero agradecerte a ti que estas leyendo este libro, ya que gracias a eso literalmente me estas ayudando a no morir de hambre, y tener el recurso económico para intentar satisfacer mis necesidades básicas.
También quiero dar las gracias a mi familia, la cual a sido un pilar fundamental para la creación de este libro y sin ellos simplemente no hubiera sido posible.
Y por último pero no menos importante, quiero agradecer a mis amigos los cuales me brindaron su apoyo de diversas maneras para la realización de este libro, ustedes saben quiénes son.

Prologo

La mayoría de las veces —si no es que todas—, la vida no es justa; uno no siempre obtiene lo que merece o desea. La mayor parte del tiempo tenemos que conformarnos con lo que la vida nos da. Si somos suertudos puede que nos dé algo bueno. Pero si no tenemos tanta suerte, sólo tenemos dos opciones.

La primera opción es conformarnos con lo que la vida nos ha dado y no luchar contra los designios del destino. La segunda es revelarnos y luchar contra todo pronóstico y, con suerte, —y si es que no llegamos a nuestra meta—, es muy posible que nos encontremos en un lugar mejor que en el que empezamos.

Ahora bien, hay una opción oculta, una a la que pocos tienen acceso. Y es ser uno de los pocos afortunados que son ayudados por las entidades que habitan más allá del cosmos, entonces, y solo así, es muy posible que lleguemos a nuestra meta.

¿A qué voy con todo esto? Bueno, tal vez a ningún lado en realidad; tal vez simplemente es mi manera de quejarme y sacar toda la tristeza y odio que llevo dentro; tal vez solo es una manera de evitar enloquecer e impedir que mi interior se pudra.

Pero mientras tanto, sigo siendo un esclavo en esta casa de empeños. Así es. Tal y como lo dice el título del libro, soy un psicólogo que trabaja en una casa de empeños.

Y no me malinterpreten, no esta tan mal trabajar aquí —supongo—, pero tampoco es precisamente el empleo de mis sueños.

No obstante, el laborar aquí me ha enseñado varias cosas, entre ellas la más obvia: *"cómo realizar un empeño"*. También he aprendido unas cuantas cosas más que están a un nivel un poco más profundo… cosas sobre la vida, las personas, el mundo, el dinero, etc.

A lo largo de estas páginas intentare llevarte en un viaje (*4:20*) a través de mis ojos, y de mi experiencia trabajando en esta casa de empeños.

Como ya lo he dicho, este será un viaje a través de mi perspectiva; existe una probabilidad de que no estés de acuerdo con mucho de lo que diga —o quizá sí—, pero recuerda que, todo es relativo. No existe una verdad absoluta. Ésta es mi versión: así es como lo vivo, así es como lo siento y así es como lo expreso. Sin más que agregar, comencemos con este viaje.

CAPÍTULO 1

Mentir para encontrar empleo

Reconozco que este viaje comienza no de la mejor manera, y es que, lo admito, para mí desgracia tuve que mentir para poder entrar a este empleo. Muy seguramente te preguntaras: —y si no, deberías hacerlo—, *"¿por qué tuviste que mentir si tienes una licenciatura? Tienes una carrera universitaria, no tendrías que tener mayor problema para conseguir un trabajo".* Pero, la triste realidad es que no es así.

Para mí desdicha —o fortuna— nací en un país llamado México: un país conocido y reconocido en el mundo por su deliciosa gastronomía, su famoso tequila, sus maravillas naturales y su cálida gente, pero, también, conocido por cosas negativas, como el narcotráfico, el bajo salario, la pobreza y la falta de empleos y oportunidades. No te miento, puedes preguntarle esto a cualquier mexicano, quienes, estoy seguro, concordarán conmigo, con excepción, tal vez, de los *"whitexicans"* (es broma, ¿o no es broma?).

Para aquellos que piensan que con una maestría o un doctorado la cosa mejora, lamento decirles que no es así. Si bien es cierto que en estos empleos el salario es mejor que el promedio, estos están muy lejos de pagar un salario justo. Parece ser que el lema de las empresas por acá es: «*Ten a los mejores profesionales, pagándoles el menor salario posible*».

Por lo general, la mayoría de los empleos en mi ciudad exigen como requisito mínimo estudios de nivel preparatoria y los salarios suelen oscilar alrededor de $5,000 MX mensuales, (unos $250 dólares al cambio actual del dólar en el año que escribo esto (2021).

Vivo en una ciudad fronteriza en donde la actividad económica principal es la industria maquiladora, por lo que casi todos los empleos giran en torno a ello. Aquí encontrarás vacantes para obreros de fábrica, ingenieros de plantas, y licenciados para las áreas de Recursos Humanos; pero también los hay empleados de comedores, de limpieza, choferes y básicamente, eso es todo. Si estudiaste cualquier otra cosa no relacionada con la industria maquiladora como, por ejemplo, diseño gráfico, lamento decirte que muy posiblemente estés destinado al mundo del desempleo. Aclaro, esto no es nada contra ustedes amigos diseñadores gráficos, yo los amo mucho.

La historia de cómo terminé en esta casa de empeños es bastante frecuente y común, es algo que pasa todos los días en mi México mágico. Es como una receta bien medida para un platillo exquisito: primero, tenemos a una persona con carrera universitaria o con grados superiores, a eso agrégale la falta de oportunidades laborales y bajo salario, luego, añade una pizca de corrupción y el hecho de que los mejores puestos estén ocupados por familiares y amigos, finalmente, súmale una pandemia inesperada y ¡listo! todo se habrá acomodado para terminar en un empleo poco calificado y mal pagado.

Ya de por sí es difícil conseguir un trabajo decente en México en condiciones normales, pues la pandemia no hizo más que subir el nivel de dificultad diez veces más, y es que, muchos negocios cerraron y muchas personas perdieron sus empleos. Ahora aquí les va un golpe de realidad: pocas veces tenemos la oportunidad de trabajar en donde nos gustaría… si tenemos suerte, lo que podemos hacer es, elegir el trabajo menos peor.

Yo tenía aproximadamente un año desempleado y al principio, realmente no estaba muy preocupado por conseguir uno, ya que gracias a Dios (o más bien, a mis padres) pude darme el "lujo" de no necesitar un trabajo inmediatamente, pues, gracias a ellos, tuve cubiertas mis necesidades básicas: un techo donde vivir, comida, luz, gas, internet, etc., ¡vaya!, son gastos básicos por los que no me preocupaba, y que, ni de chiste, podría pagar yo solo con el salario que gano en la casa de empeño. Sirve demasiado el hecho de que no estoy casado ni tengo hijos, entonces mis gastos se minimizan y puedo ahorrar un poco más. Pueden ver esto como un mero consejo; si a alguien le interesa puede tomarlo y aplicarlo a sí mismo.

Al principio enviaba mi currículum a las pocas ofertas de empleo que había relacionadas con mi carrera, —psicólogo— para intentar aplicar a alguna escuela como docente o a una fábrica en el departamento de reclutamiento, e ignoraba otras ofertas disponibles, como auxiliar administrativo, cajero, vendedor, mesero, y demás. Eso fue así hasta que algo me hizo cambiar de parecer.

Mis padres se enfermaron de COVID-19 (afortunadamente los dos están bien, no pasó a mayores y solo tuvieron síntomas leves), pero no podía dejar de pensar en qué hubiera ocurrido si las cosas hubiesen sido peores: sólo pensaba en qué haría yo si los dos hubiesen necesitado estar conectados a un respirador artificial, a mi mente llegaban imágenes mías intentando, desesperado, buscar un hospital para que los atendieran en un sistema de salud de por sí precario y colapsado y sin la posibilidad de llevarlos a un hospital particular por el costo que ello podría suponer... Ese tipo de pensamientos catastróficos no dejaban de atormentarme y fue en ese momento en el que decidí a aceptar un empleo de lo que sea.

Comencé a mandar mi currículum a esos trabajos poco calificados que rechacé en un principio. Para mí infortunio, las cosas no resultaron como yo creía. Pensé que sería fácil conseguir uno de esos empleos, pero no fue así, pues la mayoría de esos trabajos me rechazaban por estar, —según ellos—, *"sobre-calificado"*. Siempre pensé que eso de que te rechazaran en un empleo por tener demasiados estudios era una especie de mal chiste, una broma, pero no es así, las empresas si te rechazan por tener demasiados estudios.

El ser rechazado una y otra vez fue una tortura para mí. Las empresas solo dejaban mi currículum en visto y decidían no continuar con mi postulación. Recuerdo que fue en un trabajo para el que me postulé, donde la persona encargada de Recursos Humanos tuvo la decencia o tal vez, la compasión de enviarme un correo electrónico que en parte decía: *"Lo siento, pero tu nivel de estudios no es apto para el puesto, espero que tengas suerte más adelante con tu búsqueda"*; el empleo en cuestión era para un puesto de cajero. En pocas palabras, me dijo que estaba *"sobre-calificado"*.

Yo me encontraba desesperado, ansioso y sin saber qué hacer. Por un lado, los empleos disponibles como cajero, vendedor, etc., me rechazaban por ser más de lo que buscaban y por otro, las pocas ofertas que había de psicólogo no me aceptaban o me pedían tener todavía, estudios más superiores, —

maestría o doctorado—, pero, aun así, pagaban una miseria.

Todo siguió igual hasta que hablé con uno de mis amigos de la universidad, quien textualmente me dijo: *"Nunca vas a conseguir un empleo así. De psicólogo no hay tantas oportunidades y los empleos básicos te rechazan por estar "sobre-calificado"; tienes que modificar tu currículum a lo que pide la empresa, pon que tienes estudios hasta preparatoria y que tienes experiencia de cajero o auxiliar administrativo, no pongas que tienes una licenciatura y tampoco pongas toda tu experiencia como psicólogo"*. Fue triste pensar que para encontrar trabajo tenía que mentir y hacerme "pequeño", pero fue necesario hacerlo para hallar un empleo de lo que fuera en esas circunstancias tan críticas, circunstancias en donde, el trabajo escaseaba más que en otros años.

Así fue como me hice un currículum alternativo, en el puse que solo tenía estudios hasta el nivel preparatoria y experiencia como cajero y recepcionista en varios lugares. Intenté probar suerte con mi currículum falso y lo conseguí. Me hablaron de la casa de empeños; la reclutadora de Recursos Humanos me llamó y me dio los detalles del trabajo y acordamos un día y hora para mi entrevista en persona. Yo no lo podía creer: finalmente, después de meses y meses de estar desempleado, y otros más de búsqueda, podía ver un pequeño rayo de luz entre tanta oscuridad. Imprimí mi *currículum* falso para llevarlo a la entrevista y practiqué un poco lo que diría respecto a mi "experiencia" en trabajos anteriores como cajero y recepcionista. Tenía todo planeado y esperaba que mis mentiras fueran lo suficientemente firmes para que no se vinieran abajo, pero ocurrió algo para lo que no estaba preparado y esa firmeza que buscaba en mis palabras estaba a punto de derrumbarse.

CAPÍTULO 2

El día de la entrevista

Finalmente llego el día de la entrevista y tuve que hacer un esfuerzo inmenso para poder levantarme temprano, arreglarme y alistar mi ropa. Ya que todo el tiempo que estuve desempleado me levantaba tarde (extraño eso).

Para mi entrevista decidí llevarme una camisa de manga larga para ocultar los tatuajes que tengo en mis brazos, si esto les parece absurdo les recuerdo que vivo en un país llamado México, donde desgraciadamente aún se juzga a las personas que tienen tatuajes a la hora de buscar empleo. Como si tener un poco de tinta en la piel fuera a afectar en algo las capacidades y habilidades de la persona. Pero llevaba mucho tiempo sin empleo así que no quería arriesgarme a que me rechazaran por ese motivo (estúpido motivo).

Llegue a la sucursal donde tendría la entrevista con la encargada de R.H., tuve que esperar un momento en el vestíbulo de la tienda hasta que terminara de entrevistar a un candidato que estaba antes que yo. Finalmente termino la entrevista con la persona que estaba antes de mí, y la reclutadora me llamo para que pasara a su oficina.

La encargada de R.H. era una mujer muy amable, llamémosla Emily. Pues Emily dio inicio a la entrevista y me hizo las preguntas básicas que se realizan en la mayoría de las empresas. Pregunto por mi experiencia anterior, si seguía estudiando, porque me interesaba entrar a trabajar a la casa de empeño, etc. Y yo le respondí de la manera socialmente aceptada a ese tipo de preguntas. Le platique de mi "experiencia" como cajero, recepcionista, auxiliar administrativo, etc. Le dije que seguía estudiando la universidad, que la había dejado por un tiempo pero la había retomado y ya casi terminaba, que me faltaba como un año. Y que me interesaba entrar a trabajar a la casa de empeño porque creía que mi experiencia encajaba con el puesto, además de que me gustaban mucho los retos y quería adquirir nuevas experiencias, quedaba cerca de mi casa etc. Pura formalidad.

Pero en mi mente realmente deseaba contestarle algo como: "En realidad soy Lic. En Psicología y tengo experiencia trabajando con niños y adolescentes, he aplicado test psicométricos y me gradué por doble titulación realizando mi examen profesional y tesis. Y realmente no me interesa trabajar aquí, y si estoy pidiendo trabajo es porque no tengo opción y necesito dinero, no morir de hambre siempre ha sido una de mis pasiones. Su empresa es una de las que tiene mayor rotación de personal en la ciudad y más bajo clima laboral, en cuanto tenga la oportunidad de cambiarme a un trabajo mejor me largo de aquí. Y también soy muy ordenado y perfeccionista"

Ya saben, ese tipo de cosas que nos pasan por la mente pero que no nos atrevemos a decir. Y es que es algo de lógica, si un licenciado, ingeniero, doctor, etc. Llega a pedir trabajo a un restaurante, tienda departamental, almacén, fabrica, etc. Para un puesto que obviamente no está acorde a su preparación académica, los reclutadores deberían evitar hacer la pregunta (estúpida pregunta) de "si tienes una carrera porque buscas un empleo aquí, ¿ya buscaste algo acorde a tu carrera?" la verdad no sé qué tipo de respuesta esperan a esta pregunta.

Dudo mucho que la persona responda algo como "Me mate 4 años en la universidad pero mi pasión en realidad siempre fue trabajar de cajero en este restaurante de hamburguesas, ¡que se joda la carrera universitaria y arriba las hamburguesas!". Es obvio que si un profesionista está buscando ese tipo de empleos es porque no ha tenido la oportunidad de trabajar en algo acorde a su carrera, y probablemente tiene deudas que pagar, una familia, esposa e hijos que mantener, etc. Así que si algún reclutador llega a leer esto, de la manera más atenta le pido que EVITE HACER ESTA ESTUPIDA PREGUNTA y mejor intente con una diferente.

Creo que me desvié un poco del tema, regresando a mi entrevista se podría decir que todo salió bien. Creo que convencí a Emily de que era un buen candidato e incluso logramos hacer una conexión más personal, ya que al parecer ella estuvo trabajando un tiempo en el área de cajas de mi universidad, en el mismo campus donde yo estaba, e incluso al parecer conocía a mi coordinadora de carrera. Por lo que no fue difícil entablar conversación sobre esos temas y lograr una conexión emocional más fuerte. Además le dije que tenía beca por promedio y gracias a ello podía costearme la carrera, cosa que no era mentira. En realidad si tuve beca por promedio durante toda la carrera. Básicamente le vendí la historia del chico humilde que estudia, trabaja y quiere superarse, ¿mentí y manipulé un poco las cosas? Si. ¿estaba desesperado por encontrar empleo? También. Y a fin de cuentas no fue algo tan grave, básicamente tuve que hacerme pequeño para poder entrar a ese trabajo, y el decir que tenía una carrera universitaria no me garantizaba una contratación, pero por el contrario si podía hacer que decidieran no contratarme. Así que decidí omitir esa parte por el momento.

La entrevista había terminado y yo me sentía victorioso, pero paso algo para lo que no estaba preparado. Emily me dijo que por último tendría una entrevista extra, una video llamada con el supervisor de la sucursal, ella me advirtió desde un principio que no me pusiera nervioso, que el supervisor tendía a hablar con voz fuerte como si estuviera enojado y que me iba a cuestionar mucho sobre todo lo que ponía en mi currículo (recordemos que la mayor parte de mi experiencia era falsa) pero que era buena persona, que simplemente no me pusiera nervioso. Emily coloco su celular sobre un tripie para celulares que estaba sobre el escritorio, y yo me senté en una silla que estaba colocada frente al mismo, y comenzó la video llamada. Fue la video llamada más tensa de mi vida.

Al principio el supervisor se mantuvo unos minutos (que me parecieron eternos) en silencio y con la mirada hacia abajo. Al parecer estaba leyendo mi currículo ya que minutos antes Emily le había enviado una fotografía del mismo. Yo para intentar romper el silencio le pregunte que si podía verme y escucharme bien, a lo que él me respondió que sí, que solo estaba revisando mi currículo. Escuchar el tono de su voz fue suficiente para ponerme nervioso.

Y cuando por fin termino de revisar mi currículo comenzó a hacerme varias preguntas, antes de continuar con la historia me he dado cuenta de que no le he puesto un nombre al supervisor, lo llamare Cereal (chiste local, mis compañeros de trabajo entenderán perfectamente el porqué de ese nombre).

Cereal comenzó primero con preguntas típicas del estilo ¿Cómo te enteraste de la vacante?,¿Por qué te interesa trabajar aquí?, ¿cuál fue tu empleo anterior? Etc. Y fue con esa última pregunta donde las cosas empezaron a complicarse, ya que empezó a profundizar mucho más y eso era algo para lo que yo no estaba preparado.

Cereal me preguntaba cosas como ¿Cuánto ganabas?,¿Cuánto tiempo duraste?,¿Por qué te saliste?,¿A dónde te cambiaste después de ese empleo? Etc. Y yo intentaba darles una respuesta coherente y realista que no levantara sospechas, pero tenía que pensar rápido y algunas cosas empezaban a contradecirse con otras.

Empezó a cuestionarme aún más a profundidad preguntándome cosas tipo ¿pero si ganabas prácticamente lo mismo en ese empleo, porque te cambiaste al otro? No tiene mucho sentido, me decía. Y mientras más me cuestionaba, más mentiras tenía que inventar yo, y mientras más mentiras inventaba, más cosas empezaban a contradecirse entre sí.

Finalmente la entrevista llego a un punto donde cereal me dijo "ok, ya más o menos me quedan claras las razones por las que quieres entrar a este empleo, me queda un poco claro también lo de tus trabajos anteriores, sin embargo siento que hay algo que no me estás diciendo respecto a tu último trabajo, el que tuviste antes de venir aquí. Igual con confianza tu dime la razón por la que lo dejaste, no te voy a juzgar ni nada". Y yo a punto de un colapso mental, sin saber que mentira inventar para que fuera creíble y que a su vez no se contradijera con todo lo anterior que ya había dicho, fue entonces que decidí jugármela con una última mentira.

Respire profundamente y exhale fingiendo una actitud tipo "me atrapaste" y comencé a decirle que la razón por la que me había salido de mi último trabajo fue porque no tuve oportunidades de crecimiento, que después de un año seguía en el mismo lugar y lo que yo quería era progresar. Esta respuesta pareció satisfacer a Cereal por el momento, y comenzó a darme un sermón diciéndome que el progresar y subir de rango en un trabajo depende de las ganas y el esfuerzo duro de uno mismo etc. Y mientras él me decía todo esto yo no podía evitar pensar que la realidad era muy diferente. El progresar no depende simplemente del esfuerzo y la voluntad de uno, existen un millón de factores a tomar en cuenta y eso sin tomar en consideración cosas como las palancas, el nepotismo, condición social, acceso a oportunidades, educación, etc. Existe una frase de una canción de un famoso rapero español llamado Nach que dice "Tu condición social limita, da igual que luches o compitas" y es cierto, muchas veces el simple esfuerzo y deseos de superación no te ayudaran a salir del hoyo.

Mas cuando te das cuenta que la mayoría de los buenos puestos de trabajo están ocupados por personas que fueron colocadas hay por palancas, o por ser familiares de alguien en la empresa, y no porque se "esforzaron" mucho para llegar a ese puesto. Y claro que existen casos de éxito donde personas sumamente pobres y con falta de oportunidades han logrado salir adelante y en algunos casos crear compañías sumamente exitosas. Pero lamentablemente esas son las excepciones a la regla, son casos sumamente raros y contados. La realidad es que por cada caso de éxito de un pobre que logra convertirse en millonario, existen cientos de miles que mueren en la pobreza más cruel.

Regresando al tema de mi entrevista con Cereal, simplemente me dijo que eso era todo lo que tenía para preguntarme y que pasaría sus observaciones a Emily, la encargada de R.H. y finalice la llamada. Después de eso Emily me pregunto qué tal me había ido en mi entrevista, y yo le contesté que bien pero que me había puesto algo nervioso, esto con la esperanza de que si Cereal le decía a Emily que me había visto un poco raro en la entrevista, ella supusiera que fue por los nervios y no porque estuve mintiendo básicamente todo el tiempo.

Una vez terminadas las entrevistas con Emily y Cereal solo quedaba esperar para ver si mis mentiras habían sido lo suficientemente convincentes, y si me llamarían para ocupar el puesto o si por el contrario me rechazarían como tantos otros empleos lo habían hecho en el pasado.

CAPÍTULO 3

Mi primer día de trabajo

Sorprendentemente a pesar de tener una entrevista agitada con el supervisor Cereal, recibí un mensaje de Emily en mi celular diciéndome que había pasado la entrevista y que me presentara el lunes a trabajar. A decir verdad estaba bastante sorprendido ya que realmente pensé que no me llamarían de nuevo, pero por lo visto mis mentiras fueron lo suficientemente convincentes como para que me aceptaran o también es muy probable que les faltara personal y no podían darse el lujo de rechazar a nadie, creo que fue una combinación de ambas cosas. Cualquiera que hubiera sido la razón lo importante era que tenía el trabajo.

El primer día que entre en la sucursal fue como descubrir un mundo completamente nuevo para mí, estaba bastante fuera de mi zona de confort. Fui recibido por el gerente de la sucursal, vamos a llamarlo Sr. Burns (los compañeros de trabajo que lleguen a leer este libro entenderán el porqué de este nombre, chiste local) el gerente Sr. Burns me recibió y me saludo, pero no estoy seguro de que estuviera enterado de mi llegada a la sucursal, ya que parecía un poco confundido.

De todas manera hizo lo que supongo era el protocolo básico de bienvenida para nuevos integrantes en la sucursal. Y con la ayuda de un manual que tenía (cosa que delataba que no tenía mucho tiempo como gerente, por lo menos en esa sucursal) comenzó a darme un recorrido por la tienda, enseñándome todas la áreas de la misma.

Entonces comenzó el recorrido y me mostro el área del comedor de los empleados, el cual por cierto era uno de los puntos ciegos de las cámaras. El baño, la bodega, el área de caja, las cajas fuertes donde se guardan los artículos de valor como celulares y joyería, el piso de ventas, la ubicación de los botiquines de primeros auxilios y también me mostro donde estaban ubicados los botones de pánico. Estos eran un par de botones que se tenían que presionar al mismo tiempo para activar la alarma en caso de un asalto o situación de riesgo.

Una vez terminado el recorrido, el gerente Sr. Burns convoco a una rápida junta con el resto de los empleados y me los presento uno por uno, para que me conocieran y evidentemente para que yo los conociera a ellos también. Conforme avancemos en estas páginas conoceremos mejor a cada uno de ellos, pero mientras tanto creo que lo mínimo que puedo hacer es mencionar la manera en que nos referiremos a ellos de ahora en adelante.

En primer lugar tenemos a Alice, después a "el avanzado", seguido de "Golum" (chiste local), después "Bonilla", después a "la señora del monte" y por último yo. Creo que hasta este punto del libro no he mencionado mi nombre y si lo hice no lo recuerdo, pero pueden llamarme Diego. Entonces, después de conocer toda la infraestructura del lugar y a el resto de los compañeros, oficialmente había comenzado mi primer día de trabajo.

Al ser mi primer día de trabajo no hice prácticamente nada, ya que tenía un desconocimiento total sobre el sistema que utilizaban para realizar las distintas transacciones. Tales como empeños, compras, ventas, apartados, etc. Por lo que básicamente me dedique a estar cerca de mis compañeros y observar lo que hacían y tratar de aprender lo más rápido posible. Para esto utilizaba un cuaderno donde apuntaba lo más importante para no olvidarlo, y después practicarlo yo mismo.

Me sentía como si estuviera en la escuela de nuevo ya que tenía que tomar una gran cantidad de apuntes para cada transacción, cada una se hacía de manera diferente, además de otras cosas varias. Al tomar tantos apuntes no pude evitar pensar que un punto clave que le faltaba al sistema de la empresa (y a muchas otras) es la simplificación de la interface.

Es decir volverlo mucho más sencillo e intuitivo, y de esa manera reducir el tiempo de dominio del sistema por parte del empleado, al cual le toma aproximadamente 3 meses el dominarlo en un nivel aceptable, y que en lugar de eso pudiera dominarlo en tan solo 1 semana. Es como cuando los padres presumen orgullosos que su hijo pequeño (a veces de meses de edad) sabe moverle perfectamente a la Tablet o al celular, no es porque el niño sea un prodigio de la tecnología. Es porque detrás de la interface de ese dispositivo están algunos de los mejores ingenieros y programadores, cuyo único fin es que el uso del dispositivo sea tan fácil e intuitivo como sea posible. Lo cual después se traduce en más ventas y ganancias para la empresa etc.

Estoy seguro que las empresas más grande del mundo tales como McDonald's por mencionar un ejemplo, en sus sistemas de cobro etc. Son sumamente intuitivos y trabajan para mejorarlos día con día, y no perder tiempo ni dinero en la capacitación del uso del mismo a los nuevos empleados, y que sin la necesidad de una capacitación excesiva cualquier empleado sepa cómo utilizarlo. Cada empresa en el mundo debería aspirar a que su sistema sea tan sencillo e intuitivo que hasta un niño de 7 años sepa cómo utilizarlo. Bancos, supermercados, restaurantes, etc.

El sistema que se utiliza en la casa de empeño en comparación con el de las grandes empresas multinacionales es bastante precario. Es una interfaz solo de texto, la cual entiendo es para agilizar el sistema y que sea más rápido, pero cada transacción que se hace se debe buscar en el submenú de las diferentes opciones que te aparecen, y algunas son sencillas de aprender pero hay otras que son más complejas.

Me acuerdo mucho de una transacción con la cual siempre batalle, que era el pago de días con tarjeta. Y si la persona quería abonar a varios artículos que tenía apartados en lugar de solo a uno, la cosa se complicaba mucho más. Y tenías que hacer un proceso innecesariamente largo a mi parecer para que pudiera abonarse el pago con la tarjeta, y este proceso debía repetirse con cada artículo y era un proceso bastante tardado y tedioso, lo cual me daba un poco de gracia ya que una de las cosas que nos decía el supervisor Cereal era que nuestra atención siempre debía ser lo más rápida y eficaz posible, pero muchas veces el sistema no ayudaba en absoluto.

Este tipo de proceso y otros más son los que tenía que apuntar en mi cuaderno para estudiarlos y ponerlos en práctica para no batallar tanto con ellos, aunque a decir verdad no todos se sabían los procesos. Alice que era la que más tiempo tenía en la empresa y también la mejor vendedora, batallaba también con el cobro de días con tarjeta. Pero por suerte el avanzado era bastante listo en estas cosas y siempre que podía nos ayudaba, gracias a el salimos de varios apuros.

Una de las cosas que hacía, además de hacer apuntes en mi cuaderno era practicar con mis compañeros, principalmente con Bonilla que fue uno de los que más me ayudo a practicar. Fingíamos que él iba a empeñar algo o a comprar, separar, etc. Y yo tenía que seguir el protocolo correspondiente a la transacción y hacer el proceso en la computadora, algunas veces se me olvidaba y lo volvíamos a repetir y esto lo estuve haciendo mucho durante mis primeros días de trabajo, y siento que me ayudo bastante.

Pero si regresamos a uno de los puntos en los que hace hincapié la empresa que es la rapidez en la atención al cliente, nos daremos cuenta que es un punto que no es tan sencillo de cumplir por diversas razones. Para empezar, cada persona tiene una velocidad y manera de aprender completamente diferente, y a eso hay que agregarle un sistema con una interface sumamente complicada, eso termina afectando la rapidez con que se atiende al cliente.

Y la persona que más se ve afectada por esto no es el cliente, sino el empleado nuevo que recién acaba de entrar a la sucursal. El cual al momento de tener que atender a un cliente habitual (probablemente de años) batalla para realizar la operación que el cliente le pide (empeño, compra, venta, apartado, etc.) y el cliente en lugar de tener una actitud comprensiva y más empatía para con el nuevo empleado, en lugar de eso lo que hace es tratar al empleado nuevo básicamente como un estúpido.

Y comienza a decirle cosas tales como "puedes apurarte", "tengo prisa", "puedes hablarle a otra persona que si sepa", etc. Lo cual, lo único que hace es poner al nuevo empleado más nervioso y hacer que se sienta mal. Y los clientes básicamente echan la culpa de la lentitud y mala atención al empleado, cuando en realidad detrás de eso hay múltiples factores tales como un sistema con una interface sumamente deficiente, mala capacitación, caídas del sistema, etc. Que no son culpa del empleado, pero como él es la cara "publica" del negocio, es a quien el cliente culpa.

La falta de herramientas, una buena infraestructura, bajo salario y un buen clima laboral en el lugar de trabajo, son de las principales causas por las que los empleados renuncian a este tipo de trabajos, que tienen que ver con atención al cliente. Una casa de empeño en este caso, pero es la misma situación para una farmacia, restaurante, centro comercial, tienda, etc.

CAPÍTULO 4

La doble calificación del cliente

A pesar de trabajar en una casa de empeño en donde básicamente el manejo del dinero es lo principal, también me di cuenta de que hay una gran parte emocional involucrada en cada transacción. Así como también un análisis "emocional" del cliente. Y es que aunque no lo parezca, a los empleados de la casa de empeño nos capacitan para determinar las verdaderas intenciones del cliente, y saber cuál es la transacción que realmente desea realizar. Ya sea un empeño o vender su artículo, a este análisis lo llamamos "doble calificación del cliente".

Creo que todo quedara más claro con un ejemplo:

Imaginemos que María llega a la casa de empeño con un anillo de oro que ha estado en su familia durante mucho tiempo. Cuando la estamos ateniendo lo primero que debemos decirle antes que cualquier otra cosa es "¿Qué me viene a vender el día de hoy?". Se debe de agarrar desprevenido al cliente con esta pregunta para poder analizar su reacción, aun antes de que ella nos diga cual es el motivo de su visita, nosotros debemos recibirla con esta pregunta.

Y por lo general puede reaccionar de 2 maneras. La primera de ellas es que nos responda la pregunta sin mayor problema y nos diga algo como "Traigo este anillo de oro para vender y quiero saber cuánto es lo máximo que me pueden dar por él". Si esta fuera la respuesta de María podríamos estar seguros de que es un objeto que a pesar de haber estado durante mucho tiempo en su familia, no le tiene un gran apego emocional, por lo que es capaz de desprenderse de el sin problemas. Y una vez sabiendo todo esto, podemos ofrecerle lo menos posible por el anillo de oro, ya que es más probable que acepte una cantidad baja al no representar algo valioso para ella.

Pero si por el contrario en lugar de darnos esa respuesta, María nos dijera algo como "No, no lo quiero vender. Solamente quiero empeñarlo porque se me presento una necesidad pero pienso recuperarlo". En ese caso podríamos pensar que en realidad María si tiene un gran apego emocional por el anillo de su familia, pero ¿Cómo estar seguros de eso? Para eso le decimos al cliente la segunda frase del sistema de doble calificación, que es "le doy más si me lo vende". Una vez dicha esta frase el cliente puede reaccionar de dos maneras, la primera es que nos podría responder algo como "¿Cuánto más me podrías dar?", si nos responde algo como esto es muy posible que en realidad el cliente no tenga un gran apego emocional por su artículo y sea capaz de venderlo al final de cuentas. En ese caso como ya habíamos mencionado anteriormente se le da lo menos posible por la compra de su artículo.

Pero si por el contrario a esta segunda frase el cliente respondiera algo como "No, muchas gracias pero solo me interesa empeñarlo, ya que planeo recuperarlo". En ese caso nos podríamos dar cuenta de que el cliente tiene un gran apego emocional por su artículo, en este caso se le presta lo máximo posible por el anillo, lo cual se traduce en un mayor pago de intereses por parte del cliente, y un mayor margen de ganancia para la casa de empeño. Y ya que sabemos que tiene un gran apego emocional por su artículo será muy difícil que lo deje perder, por lo que sabemos que será un cliente que pague en tiempo y forma los intereses para no perder su anillo.

Entonces, básicamente y tratando de resumir esta explicación lo máximo posible, los puntos importantes aquí son los siguientes. Se identifica si el cliente tiene o no un apego emocional por su artículo, si no lo tiene se le compra su artículo por el precio más bajo posible, y que de esa manera la casa de empeño tenga un margen de ganancia mayor, al vender dicho artículo. Y por el contrario si tiene un gran apego emocional, se le presta lo máximo posible por su artículo, lo cual se traduce en mayor pago de intereses por parte del cliente, y una mayor ganancia para la tienda. En resumidas cuentas este sistema lo que intenta hacer es que la casa de empeño siempre tenga la mayor ganancia posible, minimizando el riesgo en las transacciones al identificar las verdaderas intenciones del cliente.

Después de haber explicado todo esto, nos podemos dar cuenta de que las emociones toman un papel fundamental en las decisiones de compra-venta, de hecho la mayoría de compras que realizamos están motivadas por una decisión emocional, y no racional como muchas veces pensamos. Y todo esto lo saben las grandes corporaciones. O nunca se preguntaron porque gastan tanto dinero en estrategias de marketing, más efectivas que apelan justo a nuestro lado más emocional, gracias a esto empresas como coca cola son lideres en el mercado, y ya hasta su producto se convirtió en una "tradición familiar" a la hora de la comida en muchos países del mundo, entre ellos México. Incluso a veces se siente raro comer sin el famoso refresco en medio de la mesa, ese es el poder el marketing.

Y básicamente así es como las grandes empresas se aprovechan de que somos seres que toman decisiones emocionales más que racionales, esto quedara más claro con un ejemplo:

Imagina que tienes que comprar un celular y tienes 5 opciones para elegir, y tú ya comparaste todas las características entre los 5 dispositivos, y todos son iguales. Tienen la misma resolución de cámara, almacenamiento, memoria RAM, tamaño y resolución de pantalla, precio, etc. Lo único diferente entre los dispositivos son sus colores, los cuales son azul, amarillo, rojo, morado y negro. ¿Cuál celular compraras?, probablemente elegirías aquel cuyo color te guste más, y este es precisamente el punto al que quiero llegar. Al final la decisión se basó únicamente en algo emocional, en este caso tu color favorito. Si alguien te preguntara, ¿Por qué te gusta ese color en particular?, probablemente no tendrías una respuesta, o tal vez dirías que te recuerda a el color de la casa de tus abuelos, en donde pasaste los mejores momentos de tu niñes etc. Al final todo es una decisión emocional.

Después de conocer un poco sobre la doble calificación del cliente, el valor emocional del artículo, etc. Nos podemos dar cuenta de que las transacciones no involucran únicamente dinero, y son un poco más complicadas en el fondo de lo que parecen. Debemos mencionar también que existen básicamente 2 "valores" que pueden tener los artículos que llegan a la casa de empeño, uno es el valor emocional y otro es el valor de mercado.

El valor de mercado es básicamente por cuanto dinero se puede vender un artículo, dependiendo de su condición, es decir si el artículo está prácticamente como nuevo o usado. La demanda que tiene, es decir cuanto lo busca la gente, si es un artículo muy popular, etc. En base a todo esto se le asigna un valor al artículo del cliente, y la casa de empeño decide en cuanto lo puede vender.

Y por el otro lado está el valor emocional, que básicamente depende de que tanto apego y cariño le tenga el cliente a su artículo. Generalmente cuanto más apego tenga el cliente por su artículo, más dinero querrá por él. Se confunde el valor emocional con el valor de mercado, y esto es algo que pasa muy a menudo en las casas de empeño, y que me toco ver más de una vez. Hay que aclarar que el valor de mercado y el valor emocional no están interrelacionados y por más cariño que le tengas a un artículo, esto no significa que vale más dinero. Lamentablemente explicarle esto al cliente de poco sirve, y básicamente no importa cuánto dinero le ofrezcas por un artículo al que le tiene mucho cariño. Para el cliente siempre será poco lo que se le ofrezca.

De más está decir que las personas que llegan a una

casa de empeño no están en las mejores condiciones económicas, y mucho de lo que empeñan por lo general son cosas a las que le tienen un gran aprecio emocional, sin embargo debido a su situación económica y la necesidad de dinero inmediato, estas se ven obligadas a desprenderse de sus artículos.

Y es aquí cuando surge uno de los mayores problemas, que es. ¿Cómo decirle al cliente que su artículo no vale tanto como el cree?, ¿Cómo decirle que no le puedes dar más dinero?, esto es un gran problema ya que por un lado no quieres perder a ese cliente, pero por el otro no puedes darle la cantidad de dinero que él te pida, cuando lo que le puedes ofrecer es mucho menos, ya que de lo contrario la casa de empeño saldría con pérdidas.

Solo se pueden hacer 2 cosas en esta situación. La primera es negociar con el cliente y llegar a un punto medio, y la segunda es simplemente decirle que no puedes darle la cantidad que está pidiendo, y decirle que puede ir a otra sucursal. Por lo general a los clientes que rechazas en un primer momento, siempre regresan y aceptan la cantidad que les habías ofrecido, ya que como mencione anteriormente son personas que no están en la mejor situación económica, y terminan por aceptar lo que les ofrezcas.

En mis primeros días trabajando en la casa de empeño sentía feo, al decirle a los clientes cuánto dinero le podíamos dar por su artículo, ya que en algunos casos la cantidad que se les prestaba era muy poco, incluso a mí me parecía un insulto. Un día el gerente de la sucursal, el Sr. Burns se dio cuenta de esto y me dijo "Diego, ¿Sientes feo cuando le ofreces el dinero al cliente porque piensas que es muy poco?", a lo que yo le respondí efectivamente que sí.

Hablo un poco conmigo y después me dijo una frase que jamás olvidare, "Nosotros lucramos con la necesidad de la gente, ellos llegan en muy malas condiciones económicas y luego tu todavía tienes que exprimirlos más. Mientras menos dinero le puedas dar al cliente es mejor". Esta frase me dejo profundamente marcado, ya que básicamente nuestro trabajo era aprovecharnos de la gente. Y no simplemente sacar un pequeño margen de ganancia, si no sacar todo el provecho posible valiéndote de todos los medios posibles.

Algo que recuerdo mucho referente a esta temática, es cuando llego lo que parecía ser una pareja de novios o esposos, la mujer estaba embarazada. El chico se acercó a mí y me dijo que cuanto le podía dar por un anillo de plata, cheque el anillo y le realice todas las pruebas correspondientes para estar seguro de que era de plata, y no algún otro material. Todo salió bien y basándome en el peso y la tabla de precios que utilizábamos para la plata, resultaba que por dicho anillo solo le podía ofrecer $15 pesos.

Recuerdo que pensé que era muy pero muy poco lo que le podía ofrecer, hasta me daba pena decirle la cantidad, así que para no sentirme tan mal recuerdo que redonde la cantidad a $20 pesos. El chico me miro y me pregunto si ya era lo máximo que le podía ofrecer, y yo le dije que sí. Al final el chico termino aceptando y le compre su anillo de plata por $20 pesos.

Todos los días el gerente de la sucursal, el Sr. Burns nos revisaba todas las transacciones realizadas el día anterior (empeños, compras, ventas, separos, etc.) y nos decía si teníamos algún error, como por ejemplo prestar de más o de menos. Recuerdo que reviso mi compra del anillo y me pregunto porque le había ofrecido comprárselo en $20 pesos. Yo le dije que simplemente se me hacía muy poco darle $15, así que lo redonde a los $20, y no pensé que eso afectara en algo.

Después de escuchar mi explicación, el gerente Sr. Burns me comenzó a decir que según los precios que manejábamos de compra-venta por la plata, el peso, etc. Había dado demasiado dinero por ese anillo, que no había manera de justificar que hubiera redondeado a los $20 pesos. Y que tampoco había manera de convencer al supervisor Cereal por dicha compra, ya que el jefe del Sr. Burns era el supervisor Cereal. Y el Sr. Burns tenía que dar cuenta de todas las transacciones realizadas en la casa de empeño al Supervisor Cereal.

Estoy seguro de que más de uno de los que está leyendo esto, pensara que es una exageración que me llamaran la atención por dar $5 más por un anillo. Pero así era la casa de empeño donde me toco trabajar, revisaban cada transacción y no querían perder ni un solo centavo. Y si por el contrario, son de los que piensan que debido a mi "debilidad" y redondear a $20 la compra del anillo, la casa de empeño perdió dinero. Puedo decirles que no se preocupen, la casa de empeños es como los casinos, todo está diseñado para que la casa siempre gane, aunque parezca que pierda.

Y ese anillo que yo compré por $20 la casa de empeño lo puso a la venta en $200 es decir 10 veces más la cantidad que yo di por él. Y este es el tipo de margen de ganancia que la casa de empeño tenía por los diversos artículos que vendía, sobre todo en joyería, que es donde más margen de ganancia tenía la casa de empeño. Así pues como ya les había dicho anteriormente, la casa de empeño siempre gana, aunque parezca que pierda.

CAPÍTULO 5

La caja

Como en cualquier trabajo, existen varias tareas que por lo general a nadie le gusta hacer. Por ejemplo sacar la basura, limpiar los baños, tratar con clientes enojados, etc. Y la casa de empeño no era la excepción, y el trabajo que nadie quería hacer por lo general, era el de estar en "la caja".

Antes de continuar, debo darles una pequeña explicación sobre a que me refiero con la caja. La caja era básicamente el lugar donde se recibía y se entregaba efectivo a los clientes, un cuarto no muy grande conformado por 4 paredes sin prácticamente visibilidad hacia el exterior. Los únicos puntos de la caja que tenían visibilidad con el exterior eran la ventanilla frontal, a través de la cual se entregaba el efectivo a los clientes por sus empeños, o donde se recibían sus pagos. Y el otro lugar era un cristal lateral del lado derecho por el cual se recibían artículos varios, como joyería y otras cosas.

Con excepción de esas 2 ventanillas eras solo tú, la caja y tus pensamientos. Pero, ¿Por qué a nadie le gustaba estar en la caja? se estarán preguntado. Bueno, esto era por varias razones.

La primera de ellas es que la caja se parecía mucho a las celdas de aislamiento que utilizan para castigar a los presos que se portan mal dentro de la prisión. La caja es básicamente un espacio pequeño, donde estas solo y prácticamente no tienes contacto con el exterior, incluso utilizar tu teléfono celular está prohibido. Al ver estas similitudes con las celdas de aislamiento de una prisión, se entiende porque a ninguno de los compañeros les emocionaba mucho la idea de estar en caja. Incluso después de algunas horas, la caja empezaba a ejercer una especie de tortura psicológica en el individuo que estaba de turno en ella, prácticamente igual que una celda de aislamiento.

Lo segundo era que a la persona que le tocara estar en caja tenía que estar en ella todo el día, y no podía abandonar su puesto durante las 8 horas de la jornada laboral. Esto debido a que como ya mencioné antes, en la caja se manejaba mucho dinero y artículos de valor. Y al final del día todo debía cuadrar, tanto el dinero que entraba en la caja como el que salía, los artículos recibidos, etc. Y para evitar que al final del turno hubiera faltantes o algo que no cuadrara, se aplicaba la regla de solo una persona en la caja durante todo el día. De esta manera si había algún faltante, era más fácil rastrear los pasos de una sola persona en lugar de varias.

Lo tercero eran las tareas repetitivas y monótonas que se debían realizar cuando se estaba en la caja.

Supongo que estas tareas existían sobre todo para que la persona que estuviera en caja tuviera algo que hacer durante el día y no "aburrirse", pero en lo personal estas tareas me resultaban sumamente fastidiosas. Todos los días a la persona que estaba en caja se le pasaba a través de la ventanilla, varias hojas las cuales contenían los nombres y números de teléfono de las personas cuyos empeños vencían ese mismo día, también se incluían los empeños que estaban próximos a vencer en la siguiente semana y mes.

Y el trabajo de la persona en caja era básicamente llamarlos uno por uno recordándoles que su empeño estaba próximo a vencer, y que si no querían perder su artículo podían acudir a realizar un abono a la sucursal más cercana. Y existían los clientes recurrentes, aquellos que ya sabían que debían abonar y que de hecho lo hacían todos los días. Y estaban aquellos a los que había que recordarles, o que directamente ya no les interesaba recuperar su artículo.

El problema era cuando al final del día se tenían que sacar aquellos artículos que estaban en empeño, perdidos por los clientes para ponerlos a la venta, ya que no era lo mejor. La casa de empeño prefería seguir ganando intereses mes con mes de dichos artículos en lugar de tener que ponerlos a la venta, y tener ganancia una sola vez. Cuando esto pasaba, normalmente culpaban a la persona de la caja y le preguntaban si realmente había llamado a todos los clientes.

En mi caso decía obviamente que sí, pero algunas veces me daba flojera y no llamaba a todos, en especial a aquellos clientes que yo sabía eran recurrentes y siempre pagaban. Llamaba sobre todo a aquellos clientes nuevos y que era más probable que no vinieran a pagar, esto me ahorraba mucho tiempo y podía invertirlo en hacer otras cosas que les contare un poco más adelante.

La cuarta y última cosa era el aburrimiento después de terminar con tus tareas. Una vez que terminabas de marcarle a todos los clientes, debías volver a marcarles. Esto se hacía 3 veces al día, en mi opinión con 1 sola llamada era más que suficiente. Pero como les dije anteriormente creo que estas tareas eran sobre todo para que la persona en caja tuviera algo que hacer.

Pero después de terminar con estas monótonas y repetitivas tareas quedabas solo tu y tus pensamientos, y empezabas a buscar cosas que hacer para ocupar tu tiempo. En lo personal yo me ponía a acomodar los celulares que estaban resguardados dentro de la caja fuerte, junto con otros artículos de valor. Los celulares estaban acomodados en unas cajas alargadas especiales para colocarlos, pero el problema era que estaban todos desacomodados.

Cada celular tenía un numero único de empeño y lo ideal era que estuvieran acomodados en secuencia, con los números bien ordenados de menor a mayor. Pero como había una gran cantidad de tareas por hacer en la casa de empeño, además de atender a los clientes que a veces se aglomeraban, y por querer hacer todo lo más rápido posible rara vez se le prestaba atención a este aspecto de tener los celulares bien ordenados.

Parecía algo insignificante, pero no se ponían a analizar que muchos de los clientes que llegaban, era para realizar el retiro de sus artículos de empeño (entre ellos celulares). Pero al no tenerlos bien ordenados se perdía mucho tiempo buscando el número de empeño correcto entre la gran cantidad de celulares que había. Y después de encontrar el celular, había que checarlo frente al cliente para que este viera que funcionaba y después se lo llevara, en lo cual también se perdía mucho tiempo y se traducía en mayor espera para el resto de los clientes.

En cambio si los celulares estaban bien ordenados, era mucho más fácil y rápido encontrarlos, pasárselo a un compañero para que lo revisara frente al cliente, verificando que funcionara correctamente, y finalmente se lo entregara. Volviendo todo el proceso mucho más rápido y ahorrando una gran cantidad de tiempo.

Si lo analizamos nos podemos dar cuenta de que todo parte de las acciones más pequeñas a las más grandes. Es casi imposible mantener las acciones más grandes, como un rápido servicio al cliente si no se tiene bien construida la base de las acciones más pequeñas, como tener bien ordenada la mercancía. Incluso el no tener papel y bolígrafo a mano, sin eso no se puede hacer todo lo demás.

En lo personal, yo soy una persona con algunos rasgos obsesivo-compulsivos y entre ellos está el que me fijo demasiado en los detalles que parecen no tener importancia. Entonces mientras el supervisor Cereal nos decía que debíamos esforzarnos y cumplir las metas de una atención rápida al cliente, junto con las metas de empeños, ventas, etc. Yo estaba más enfocado en colocar correctamente las etiquetas de precio en los artículos acorde al tamaño, tipo de etiqueta, lugar de colocación en el artículo, etc.

O también me enfocaba en siempre tener papel, bolígrafo y calculadora a la mano, ya que estas eran cosas esenciales para poder realizar el trabajo, y curiosamente nunca teníamos bolígrafos al alcance para utilizar cuando se necesitaban. Así que yo opte por siempre cargar los propios para no batallar, los demás compañeros rápidamente se dieron cuenta de que yo siempre tenía un bolígrafo a la mano, por lo que siempre que necesitaban usar uno, rápidamente se acercaban conmigo y me lo pedían. Obviamente yo siempre tenía que estar atento para que me lo devolvieran al finalizar su actividad, puede parecer algo exagerado pero odiaba que no me los regresaran.

De esta manera nos podemos dar cuenta de cómo las pequeñas acciones son la base de las más grandes, y como en realidad todo esta enlazado entre sí. Y que muchas veces la falla en los grandes negocios no siempre está en las acciones que creemos son las más complicadas e importantes, sino en las más pequeñas y esenciales que muchas veces pasamos por alto.

Retomando el hilo principal de lo que les quería decir, una vez terminadas las tareas de la caja que era llamar a los clientes básicamente, y después de ocuparme en otras cosas como acomodar los celulares o la demás mercancía que había en las cajas fuerte, llegaba un punto en donde estabas completamente solo con tus pensamientos, y esto para mí fue lo más delicado, ya que me obligo a toparme de frente con aquellos pensamientos y malestares, los cuales la mayoría de las veces ignoraba con el ruido del trabajo al frente de la casa de empeño, u ocupándome en otras cosas.

Pero en la caja no había nada, era el ambiente perfecto para que tus pensamientos más oscuros comenzaran a salir sin nada que los pudiera detener. Y en mi caso estos pensamientos estaban profundamente relacionados con el punto actual en el que me encontraba en mi vida, el cual no era precisamente el lugar donde me hubiera gustado estar en este punto de mi existencia.

Mi mente comenzaba a torturarme poco a poco, como una grieta en una tubería de agua, la cual se va haciendo cada vez más grande, dejando escapar cada vez más y más agua de manera rápida y violenta, imposible de detener utilizando solamente las manos. De esa misma manera mis pensamientos empezaban a brotar desde lo más recóndito de mi mente, y llegaban a tal punto donde era sencillamente imposible detenerlos.

"Pero mírate nada más 28 años y aun vives en la casa de tus padres, ¿no te da vergüenza depender aun de ellos? a esta edad deberías ser tú el que los mantiene y ayuda, y no al revés. Y tampoco sabes conducir, es una vergüenza que a estas alturas de tu vida no seas capaz de aprender a manejar y aun dependas de tu padre, hermana, sobrinos, etc. Para que te lleven a donde necesitas ir. Y para colmo terminaste trabajando en una casa de empeño, ¿de que sirvió el que estudiaras una licenciatura en psicología? para terminar limpiando joyería y lavando baños al parecer. Que pensaran tus padres sobre ti, ¿para esto le pagamos la carrera? para que sea un desempleado más del montón. ¿Qué será de ti en el futuro? acaso piensas pasar de un empleo a otro hasta que encuentres uno que te sea tolerable, ya que tal parece que de psicólogo nunca encontraras trabajo. Al final del camino terminaras solo, viejo, cansado y pobre. Dando lastima a los demás. Eso sin mencionar la depresión clínica que sufres y de la cual no has querido hablar con nadie, si la vida de por sí ya es difícil con eso lo será diez veces más, tal vez esa es la razón por la que no logras conservar ningún empleo, mantener una relación de pareja, y el básicamente no haber hecho nada con tu vida. Eres un inútil y el fracaso te perseguirá donde sea que vayas."

Como podrán darse cuenta no son precisamente los pensamientos más positivos que existen, y definitivamente no los quieres dando vueltas por tu cabeza y menos en un horario laboral. Por fuera yo trataba de dar una imagen de absoluta normalidad a mis compañeros, como si no pasara nada y todo estuviera bien, pero por dentro sentía como si me estuviera muriendo lentamente.

Era como estar atrapado dentro de una prisión de cristal, la cual se va llenando de agua lentamente, como la que utilizan los magos en sus espectáculos y de la cual al final escapan ilesos. Solo que en mi caso yo no contaba con la llave mágica ni el truco bajo la manga para escapar. Sentía como el agua me llegaba hasta el cuello, me quedaba sin oxígeno y luchaba desesperadamente por cada bocanada de aire.

Esta situación se prolongó durante varias semanas, mi mente torturándome día tras día con una cascada de pensamientos horribles que parecían no tener fin. Hasta que un buen día, así como el mago que logra escapar de su prisión de cristal sin ahogarse, yo también encontré mi llave mágica. La cual si bien no me liberaba del todo de la prisión de cristal, si lograba que el agua se vaciara dejándome respirar. Y esta llave mágica para mí fue y sigue siendo la escritura.

Y fue en uno de esos días cuando me tocaba estar en

la caja, cuando los pensamientos más oscuros de mi mente empezaron a brotar sin control, que me decidí a agarrar una hoja que por uno de sus lados tenía los porcentajes de las metas de empeños, compras, ventas, etc. Que debíamos cumplir en la casa de empeño, le di la vuelta a la parte que estaba totalmente en blanco y comencé a escribir lo que sentía.

Entonces en ese momento intente plasmar sobre aquella hoja y de la mejor manera posible el como yo me sentía, tratando de utilizar las palabras adecuadas, metáforas, etc. Que se acercaran lo más posible a describir el como yo me sentía por dentro. Al principio las palabras surgieron con dificultad, pero después de unos minutos comenzaron a fluir y a llenar toda la hoja, como un rio desbordándose. Y sin darme cuenta toda la hoja quedo completamente llena de lo que yo sentía en ese momento.

Al terminar de escribir me di cuenta de que me sentía un poco mejor, y al leer lo que había escrito quede muy sorprendido. Ya que no pensé que fuera capaz de escribir algo así, en aquel texto podía verse retratado un dolor muy real y eso es porque era real, era justo lo que estaba sintiendo en ese momento. De alguna manera el poder ver todo mi dolor expresado en palabras hacía que cobrara un nuevo significado, y el poder convertir este dolor abstracto que solo yo podía sentir en algo más concreto, y el poder compartirlo con la gente para que fueran capaces de entender un poco mejor el como yo me sentía, era algo que me emocionaba.

Aunque tengo que confesar que en realidad nadie llego a leer los textos que surgieron de mi tortuosa mente. La única persona que llego a leer un par de esos escritos fue mi psicólogo, Luis Martínez. A quien aprovecho para mandar un gran saludo. Y es que cuando renuncie a la casa de empeño yo sentía que el problema de mi depresión estaba creciendo demasiado, a tal punto que el malestar ya era casi insoportable.

Por lo que decidí ir a terapia y sacar muchas cosas que tenía dentro, pero eso es otra historia y tal vez la cuente en otro momento. Durante la terapia yo le entregue un par de escritos para que él se diera una idea del estado mental en el que me encontraba. Pero mi deseo es que mis escritos sean conocidos por ustedes, creo que es hora de sacarlos a la luz y para ello incluiré dichos escritos en una sección de este libro dedicada especialmente para eso.

Aun no estoy seguro sobre que nombre ponerle a dicha sección del libro, tal vez le ponga algo sencillo como "escritos de la casa de empeño" o algo por el estilo. Sin más que agregar pueden ir a checar los escritos justo ahora si es que son muy impacientes, o pueden checarlos al terminar de leer este libro, de cualquier manera creo que les gustaran y si no es así, pues ni modo. Intenten sacar todo su malestar mental y escriban los suyos y después comparamos.

CAPÍTULO 6

¿Por qué sigues trabajando aquí?

Una de las cosas que más me preguntaba al ver a mis compañeros de trabajo cada mañana en la casa de empeño era, ¿por qué sigues trabajando aquí? en mi caso yo trabajaba hay porque no tenía más opción, no existían puestos vacantes para un psicólogo y los buenos trabajos ya estaban ocupados por gente recomendada. Pero como lo he dicho muchas veces, no tengo nada en contra de la gente recomendada mientras sea buena en su trabajo, por el contrario si son recomendados pero inútiles en su trabajo, eso es lo que realmente me molesta.

Pero regresando al tema principal, el saber la razón de porque seguían trabajando en la casa de empeño, el saber que los impulsaba a levantarse cada mañana y no faltar me daba mucha curiosidad. Obviamente estaban las razones típicas como el tener deudas que pagar, no poder encontrar un mejor empleo, falta de estudios, etc. Pero había una cosa que todos mis compañeros tenían en común y esa era que tenían hijos.

Esa era la razón principal que los impulsaba a levantarse cada mañana y asistir a un empleo en el cual probablemente no eran felices, y que incluso tal vez detestaban. Y es que pensándolo bien existen pocas razones por las cuales seguirías en un empleo el cual conforme cada día que pasa absorbe tu vida, y drena todas tus esperanzas y sueños. Es obvio que todo padre en el mundo (o por lo menos así debería de ser) quiere lo mejor para sus hijos, todo padre desea proteger a sus hijos de la maldad y crueldad que existe en el mundo. Y está dispuesto a hacer todo lo posible para que todas sus necesidades básicas estén cubiertas, y eso incluye estar en un empleo que odias y aguantar hasta que tus músculos exploten.

Por el contrario cuando uno no tiene hijos la historia es muy diferente. Al no tener una responsabilidad tan grande entre manos se goza de cierta "libertad" en la cual tú puedes decidir qué hacer con tu vida, sin pensar en las consecuencias negativas que le podrían pasar a un tercero (esposa, hijos) e incluso se tiene un cierto sentimiento revolucionario en contra de las injusticias que plagan este sistema político-económico en el que vivimos. E incluso algunas veces se tiene la "tranquilidad" de saber que si en algún momento llegamos a perecer en nuestra lucha contra las injusticias de este sistema que nos oprime, mínimo caeremos nosotros solos, sin llevarnos como daño colateral a nuestros hijos, esposa, familia, etc.

Me tomare el atrevimiento de ponerme como ejemplo para que esto quede un poco más claro. Yo soy una persona la cual, hasta el momento en el que escribe este libro no tiene esposa e hijos, por lo que no conozco las responsabilidades y beneficios que esto conlleva en carne propia. Sin embargo al ser soltero también estoy consciente de que gozo de una "libertad" de toma de decisiones, la cual probablemente muchas personas casadas y especialmente con hijos no tienen.

En lo que refiere al tema laboral por poner un ejemplo, yo soy una persona la cual si no está satisfecha en un trabajo, simplemente renuncia a él. Y esto puede ser por varios motivos, desde un mal ambiente laboral, incumplimiento en las horas de trabajo estipuladas, jefes abusivos, falta de las herramientas necesarias para llevar a cabo el trabajo, etc. Soy alguien que en un principio intenta tal vez ver la manera de solucionar las cosas (que están en mi poder) para que el trabajo sea un poco menos peor para todos. Pero si no veo resultado alguno simplemente me voy sin dar más explicaciones, nunca me he visto en la necesidad de aguantar malos tratos en ningún trabajo, en parte gracias a mis padres que me respaldan como ya he mencionado varias veces, con comida, techo, etc. Cosas básicas. Pero sobre todo porque no tengo una esposa e hijos que dependan económicamente de mí.

Por el contrario una persona que tiene responsabilidades tan grandes como lo son una esposa e hijos, no puede tan fácilmente renunciar a su empleo sin importar lo horrible que este sea. Para empezar porque el cambiarse a un mejor empleo es algo sumamente complicado, tienen que alinearse los planetas para que las cosas sucedan, existen un montón de variables que deben coincidir para que al final logres estar en un mejor empleo, con mejor salario, ambiente laboral, infraestructura, etc. Cosa que es sumamente complicada pero no imposible, pero los casos de éxito son mínimos.

Y en segundo lugar porque tiene una esposa e hijos que mantener, y solo con ese hecho el simplemente dejar su horrible trabajo actual para buscar otro, sin tener nada seguro, es algo que una persona con familia no se va a arriesgar a hacer. Incluso si no tuviera esposa, los gastos de un hijo son más que suficientes para mantenerte en ese empleo que odias. Un hijo necesita alimento, vestido, calzado, educación, gastos médicos, esparcimiento, etc. Y esto solo por mencionar algunos, estoy seguro que la crianza de un hijo implica mucho más gasto, pero solo menciono los más importantes, ya que si intentara ponerlos todos en este libro probablemente serian páginas y páginas llenas, y no es la intención.

Con este simple ejemplo nos podemos dar cuenta de la diferencia de "libertad" de toma de decisiones, que existe entre una persona soltera y una persona con hijos. Ya que en mi caso, mientras yo me puedo cambiar de empleo sin la necesidad de aguantar malos tratos, una persona con hijos tiene que pensarlo mucho más y probablemente no lo haga. Y no es que la persona con hijos sea alguien conformista que no se atreve a alzar la voz, etc. Son simplemente las circunstancias. Ya que mientras yo el día de mañana puedo renunciar a un trabajo horrible y abusivo, convocar a mis compañeros a huelga y hacer un boicot en general, hay un padre de familia que no puede participar de estas cosas, que no puede alzar su voz para denunciar las malas prácticas de ese empleo y arriesgarse a ser despedido, porque el necesita el dinero de su sueldo para poder pagar la operación que su hijo necesita.

Y es aquí cuando nos damos cuenta de cómo lo más sagrado que existe en el mundo para un padre (o al menos así debería de ser) sus hijos, son instrumentalizados por parte del sistema para poder perpetuar su abuso de poder contra las poblaciones más vulnerables. Y analizándolo bien, esta es la razón por la que muchas empresas prefieren tener empleados casados y sobre todo con hijos, ya que esto es garantía básicamente de que se quedaran en la empresa sin importar los múltiples abusos por parte de esta hacia sus empleados. Ya que tienen una familia que depende de ellos, y con tal de mantenerlos son capaces de soportar todo tipo de abusos sin poner objeción alguna.

Los hijos pueden ser algo muy bello, pueden ser incluso el motor que nos impulsa a seguir adelante día tras día sin rendirnos y convertirnos en la mejor versión de nosotros mismos. Pero lamentablemente hoy por hoy también son un instrumento para esclavizar a las personas en trabajos que detestan y las empresas lo saben. "Así que tienes hijos, excelente. Eso es garantía de que te quedaras mucho tiempo con nosotros, ya que harás lo que sea necesario con tal de que no les falte nada. Abusaremos de ti hasta el cansancio, dándote un salario que apenas te alcance para sobrevivir, exprimiremos cada gota de energía de tu cuerpo con horas extras obligatorias y nos agradecerás por eso, ya que ¿estás haciendo todo esto por tus hijos no? todo tu tiempo será de nosotros, además que importa que casi no veas a tus hijos si no les falta dinero para alimento, vestido, educación etc. Además sabemos que no alzaras un dedo contra nosotros, ¿cómo podrías? si sabemos que somos el único sustento para tu hijo, sin el misero salario que te damos no eres nada. Así que se un buen empleado y regresa a tu puesto de trabajo, si eres un perrito lo suficientemente obediente incluso tal vez te demos un bono extra" esa es la manera de pensar de muchas empresas.

Y me doy cuenta que mi pensar no está muy alejado de la realidad, ya que en el último trabajo que tuve le comenté a mi compañera que quería renunciar, y ella me respondió con algo muy parecido a todo lo que he expuesto en este capítulo. Nunca se me olvidara lo que ella me dijo, que fue algo así "no me digas eso Diego, como es posible que ya vayas a renunciar ¿estás seguro? no te vayas, quédate. Aguanta unos meses más aunque sea. ¿Sabes que te hace falta? tener hijos y una esposa, te falta tener esa responsabilidad para tener los pies un poco más en la tierra y no renunciar tan fácilmente"

Lo que básicamente me estaba diciendo mi compañera de trabajo, era que ella aún seguía en el por la responsabilidad que tenía para con sus hijas, eso era todo. El permanecer en ese empleo estaba condicionado por las necesidades de sus hijas que debía cubrir, y los gastos inherentes a esas necesidades. Ya que por el contrario, si mi compañera no tuviera la responsabilidad de sus hijas, tal vez ya se hubiera cambiado de empleo hace mucho. Tal vez incluso hubiera preferido trabajar en un lugar donde ella se sintiera cómoda y feliz, aunque el salario no fuera muy alto. Pero volvemos al tema del principio, su permeancia en el trabajo actual está condicionada por las necesidades de sus hijas.

Y la verdad, es que el pensar en eso es algo que me da mucho miedo. El pensar que la permanencia en un trabajo horrible y que detesto este condicionada por el poder satisfacer las necesidades de mi hijo. Y es que en el sistema político-económico actual que vivimos no existe una verdadera libertad, y la "libertad" que tenemos se reduce básicamente a "puedes elegir no trabajar en algo que odias y morir de hambre o puedes trabajar en algo que odias hasta que te mueras". No hay opción, vivimos en un laberinto de ratas que no conduce a ninguna parte.

Incluso he llegado a pensar que el tener hijos sirve básicamente para perpetuar el sistema. Piénsalo por un momento, porque las grandes instituciones religiosas y políticos conservadores etc. Hacen tanto hincapié a esto de tener una familia y sobre todo en tener hijos. Porque si no, ¿de qué otra forma se mantendría el sistema? porque ellos saben qué harías todo por tus hijos, desde estar en un trabajo que detestas, soportar malos tratos, aceptar una paga miserable, etc. Y que jamás levantarías un dedo contra ellos, porque saben que tu punto de quiebre son precisamente tus hijos. Es una amenaza constante y muy sutil pero que siempre está allí.

"Si te atreves a levantar un dedo contra nosotros, tus hijos son los que pagarán las consecuencias y morirán en la miseria más absoluta" y es que con una amenaza así, que es básicamente como si le estuvieran apuntando con una pistola en la cabeza a tus hijos todo el tiempo. Como se espera que haya un cambio para mejor, si es obvio que con esa amenaza nadie se va a atrever a alzar un dedo ni hacer algo en contra del mismo sistema que los oprime. Porque desgraciadamente, es mejor trabajar 18 horas en un trabajo físicamente y mentalmente agotador, que me robe cada gota de energía, a que a mis hijos les falte comida.

Es por eso que en mi opinión, y debo aclarar y hacer hincapié en que esta es una opinión muy personal, ya que puede ser considerada un poco radical y habrá quienes estén de acuerdo con mi postura y quienes no, pero deben recordar siempre que esta es solo mi opinión y nada más. Aquí no busco convencer a nadie, sino simplemente dar a conocer una idea y ya, tomen lo que les sirva de ella y desechen lo que no.

En mi opinión se deberían de dejar de tener hijos simplemente por tenerlos, tenemos que dejar de romantizar la idea de que un hijo es una "bendición" pese a todos los problemas que podamos tener en ese momento. Que con el amor es más que suficiente, a pesar de que no tengamos un empleo estable, un buen salario, una pareja estable, estabilidad mental, etc. El tener un hijo debería ser una decisión bien planeada (no como la línea 12 del metro de la CDMX) tomando en cuenta todos los pros y contras de esta decisión, analizándola en el contexto individual de cada uno y sobre todo haciéndonos la pregunta más importante. ¿Por qué quiero tener un hijo?

Es porque es lo que se espera de mí, porque es lo que se supone que debe hacer uno al llegar a determinada etapa de la vida, porque quiero darles el gusto a mis padres de tener un nieto, porque quiero hacer un mejor trabajo que el que hicieron mis padres conmigo, para que me contraten en determinada empresa al ver que soy padre de familia, etc. Y sea cual sea el motivo al que lleguemos, debemos asegurarnos de que este sea una buena razón.

Entonces retomando este hilo de ideas e imaginando que vivimos en un mundo ideal, en donde la decisión de tener hijos es una sumamente planeada. Donde se toman en cuenta y se analizan a detalle todos los factores de los que ya hablamos antes. Según esta lógica estaríamos hablando de que probablemente la mayoría de la población mexicana no tendría hijos. Y lejos de ser algo malo, yo pienso que podría ser algo bueno. Ya que al no tener hijos, las personas tendrían una mayor libertad de decisión que no afectara a terceros, en este caso sus hijos.

Y tendrían la libertad para luchar contra un sistema que los oprime y exigir mejores condiciones laborales, que se vieran reflejadas en mejores condiciones de vida. Y las grandes empresas ya no tendrían ese punto de quiebre a su favor, que era la preocupación por mantener lo mejor posible a sus hijos. Y con esta libertad las personas podrían incluso llegar hasta el punto de dar su vida por la causa, sin el miedo a dejar abandonados y a su suerte, a sus hijos.

Y con suerte después de que la mayoría del pueblo luche por sus derechos, por tener mejores condiciones laborales, salariales, etc. De manera libre y sin tener el punto de quiebre que son sus hijos. Tal vez podríamos al fin vivir en una sociedad más justa, con una mejor calidad de vida y mejores oportunidades, después de haber logrado un cambio sustancial en el mundo. Para poder al fin pensar en traer hijos plenamente deseados y planeados. Sabiendo que vivirán en un mundo mejor, por el que previamente se luchó para que ellos puedan disfrutarlo.

Después de haber escrito todo esto, creo que puede resumirse en estos puntos:

1.   La razón principal de las personas para permanecer en un empleo que odian son sus hijos.

2.   La mayoría de las empresas saben esto y utilizan a los hijos como punto de quiebre para que los empleados permanezcan en la empresa. Y no se rebelen contra esta.

3.   La libertad de los empleados para poder cambiar de empleo o luchar contra las injusticias laborales, esta obstaculizada por el hecho de tener que mantener el bienestar de los hijos.

4.   Al no tener hijos, se tiene una mayor libertad de decisión para luchar contra las injusticias del sistema, ya que se quita el punto de presión que tienen las empresas sobre los empleados.

5.   Una vez logrado un cambio sustancial en las condiciones laborales y económicas, se pueden traer hijos plenamente deseados y planeados a un mundo mejor.

6.   El tener hijos, en base a un análisis profundo y real de nuestras condiciones materiales, económicas, laborales, emocionales, mentales, etc. Es clave para quitar o al menos disminuir el poder de presión que las empresas tienen sobre sus empleados.

Creo que estos puntos resumen de la mejor manera posible lo que he tratado de explicar a lo largo de este capítulo, y lo repito nuevamente. Esto es solo mi opinión, desde mi estrecho punto de vista y en base a mis experiencias personales. No es una ideología que le esté tratando de imponer a ninguna persona.

Lo único que puedo hacer es dejar plasmada esta opinión personal, y que cada uno tome lo que le sirva de ella y deseche lo que no le sirve.

CAPÍTULO 7

Renunciar a la casa de empeño

Me temo que este viaje está llegando a su final, tal vez había más cosas que pude haber contado pero creo que he dicho lo más importante de esta experiencia que fue trabajar en la casa de empeño. Donde de primera mano pude experimentar de qué manera el dinero es básicamente lo que domina el mundo, en donde básicamente los fuertes abusan de los débiles, y en donde se hace todo lo posible por obtener cada centavo sin importar cuantas veces se tenga que mentir, abusar de la posición de poder desigual de la persona desesperada que va a empeñar, donde el interés económico es lo único que importa y en donde pude ver el capitalismo en una de sus fases más agresivas.

Conforme pasaba el tiempo llegue a un punto donde ya estaba cansado de toda esta situación, ya no me interesaban los márgenes de ganancia, engañar a las personas para ofrecerles la menor cantidad de dinero posible por sus artículos, ver como el dinero es lo único que importa, etc. Sin darme cuenta sentía como poco a poco iba perdiendo una parte de mi alma en el proceso.

Incluso tenía una broma con mis compañeros de la casa de empeño respecto a eso. Ya que cada vez que teníamos que hacer las pruebas para checar la joyería de plata, el químico que utilizábamos manchaba la piel con un color negro, por eso teníamos que tener cuidado de que el químico no tocara la piel. En una ocasión este químico toco la palma de mi mano y se formó una mancha negra que no se podía borrar, entonces bromeando les dije. "Miren, ya tengo la marca de la casa de empeño. No dejara que me vaya y me quedare aquí para siempre" a lo que ellos simplemente respondieron riéndose y mostrándome sus manos, las cuales también estaban manchadas por el químico.

Obviamente tenía que encontrar la manera de renunciar a la casa de empeño sin que se viera mal, ya que después de haber mentido e inventado toda una historia para que me contrataran, ahora no podía renunciar simplemente porque ya no me gustaba estar en ese lugar. Así que lo que tuve que hacer, como probablemente muchos de ustedes ya lo estarán imaginando, fue inventar otra mentira que me permitiera renunciar por una buena razón y sin quedar mal con Emily la encargada de recursos humanos, mis compañeros o el supervisor cereal.

En mis últimas semanas en la casa de empeño yo había estado buscando activamente otras ofertas de trabajo, de tal manera que me permitiera renunciar con la seguridad de tener un nuevo empleo al cual ingresar. Y en un primer momento creí que lo había conseguido, me postule para una vacante de psicólogo en un colegio de mi ciudad e incluso me contactaron y pase la primera entrevista, y tuve una 2ª con la directora del plantel. Esto se lo comente a mi gerente el Sr. Burns y le pedí de favor que no se lo comentara a nadie más, ya que no era nada seguro aún. Cosa que obviamente no le importo porque días más tarde mis compañeros me preguntaron que si ya me iba a salir de la casa de empeño, y pues les tuve que contar que me postule para una vacante de psicólogo y si me llamaban tendría que renunciar a la casa de empeño.

Lamentablemente jamás me llamaron otra vez del colegio, y mi gerente y compañeros me preguntaban cómo iba mi postulación y yo les decía que iba bien, que solo estaba esperando que me llamaran para la última entrevista, cosa que nunca iba a pasar, pero ellos no lo sabían. Así que tome una decisión y decidí que ese sería mi escape para renunciar a la casa de empeño, fingiría que seguía en el proceso de selección y el día que presentara mi renuncia en la casa de empeño le diría a Emily, la encargada de recursos humanos que me habían aceptado para una vacante de psicología en un colegio, de esa manera tendría una buena excusa para renunciar a la casa de empeño, creíble y sin que se viera mal.

Ya que por alguna extraña razón, por más detestables que fueran las condiciones laborales de la casa de empeño, parecía no estar "bien visto" que renunciaras bajo la excusa de "este trabajo es un asco" aunque efectivamente lo fuera. Es como estar tirado en el piso con alguien presionándote el cuello con su pie e impidiéndote respirar, y tú decides finalmente quitarte el pie del cuello moviéndote y empujando a la persona que te mantenía atrapada bajo este, y después de hacer esto la otra persona se siente "ofendida" porque la empujaste. Algo así era renunciar, solo que yo era quien estaba tirado en el piso y la casa de empeño era quien me pisaba el cuello con su pie.

Y a mi parecer esto aplica en la mayoría de trabajos,

no solo en la casa de empeño. Ya que parece ser más fácil para las empresas decir algo como "renuncio porque no tenía la camiseta bien puesta" en lugar de admitir que tienen pésimas condiciones laborales.

Los días pasaron y finalmente llego el momento esperado, me dirigí a la oficina de Emily la encargada de recursos humanos para hablar con ella y presentarle mi renuncia. Ella pregunto cuál era el motivo y le conté una historia, le conté aquella historia en la que me había postulado para una vacante de psicología en un colegio, que me habían llamado, que tuve una entrevista con la directora y me habían dado el puesto. Ella parecía bastante emocionada de que hubiera encontrado una vacante relacionada con mi carrera, y empezamos a hablar sobre los nuevos retos que enfrentaría, el tratar con los alumnos y padres, la ayuda psicológica tan necesaria en estos días, etc.

La verdad es que hubiera odiado romper esa ilusión contándole la verdad, y la verdad era que renunciaba simplemente porque ya no soportaba estar más en ese lugar. Y que lamentablemente no tenía otro trabajo al cual ingresar, que no me habían vuelto a hablar del colegio y que básicamente volvería a navegar a la deriva esperando llegar a buen puerto, eso si no me ahogaba antes primero. Me hubiera gustado decirle todo eso pero como ya comenté anteriormente, no quería romper esa ilusión.

Aquella ilusión que le mostré desde el primer día en que llegué a la casa de empeño. Esa en donde yo, una persona con solamente estudios de preparatoria, decide volver a estudiar y terminar su carrera universitaria, esa en donde trabajo duro en la casa de empeño para lograr cumplir mis sueños, esa en donde al final el esfuerzo se ve recompensado y recibo una oportunidad para trabajar en algo de mi carrera, logrando así dejar atrás la casa de empeño y seguir adelante triunfando en la vida. Demostrando así que con esfuerzo y dedicación todo es posible.

Pero la triste verdad es que estas cosas rara vez

pasan. Por eso es que cada vez que una persona de bajos recursos logra convertirse en millonario, o trabajar en alguna de las empresas más grandes del mundo, es noticia nacional. Ya que esto sucede tan pocas veces que el simple hecho de que suceda es un milagro. A las personas les gusta escuchar las historias de éxito, aquellas donde el pobre pese a todo pronóstico logra convertirse en alguien rico, exitoso, etc.

Pero lamentablemente esto rara vez pasa y aquellas personas que están en las posiciones de poder, y que realmente podrían hacer un cambio para que mas de estas historias sucedieran, no hacen nada. Mientras ellos puedan seguir sentados en sus tronos de marfil sobre la punta de la pirámide, que uno o 2 pobres salgan de la miseria no es problema alguno, pueden permitirlo. El problema es que no pueden permitir que demasiada gente salga de la pobreza, ya que eso si podría suponerles un problema.

Finalmente deje la casa de empeño contándoles la

historia de que me marchaba porque había encontrado un futuro mejor, aunque no era cierto. Días después únicamente regrese para recoger mi finiquito y una carta de recomendación por parte de Emily. Después me despedí de los compañeros que estaban trabajando en ese momento en la casa de empeño, y ya no los volví a ver más. Aunque a veces, cuando tengo que desplazarme por la ciudad para realizar diversos encargos, paso por la casa de empeño y al voltear aun puedo ver a mis antiguos compañeros a través de las ventanas, o fumando en el estacionamiento.

¿Y ahora qué sigue? esa era la cuestión importante en mi mente. Ya que no tenía trabajo, tenía poco dinero ahorrado, y necesitaba encontrar un empleo más o menos decente, donde si bien no iba a volverme rico, mínimo que tuviera un equilibrio entre salario, clima laboral, distancia, etc. En pocas palabras encontrar un trabajo "menos peor" y es que por lo menos en México, y en gran parte de Latinoamérica vivimos constantemente con ese mantra. "Encontrar lo menos peor".

Votar por el candidato político menor peor, encontrar un trabajo menos peor, encontrar un lugar donde vivir menos peor, etc. Lamentablemente estamos tan acostumbrados a condiciones de vida tan miserables que nos conformamos con que las cosas sean solo un poquito menos peor. Y por desgracia es algo muy triste, ya que es a lo que aspira la mayoría de la población en México y Latinoamérica.

Lamentablemente emos llegado a un punto donde se ha normalizado tanto que haya personas buscando comida en la basura, literalmente para no morir de hambre. Mientras que otros viven como reyes en lujosas mansiones del tamaño de varias hectáreas de terreno, con muchos más recursos de los que necesitaran en toda su vida. Y lo peor de todo es que el discurso de "el pobre es pobre porque quiere" es el equivalente a decir que "el rico es rico porque se lo merece" y si lo analizamos bien, ninguna de estas dos premisas es verdad. Las variables que están por detrás de todo esto son mucho más complejas de lo que pensamos.

Regresando con mi historia, después de salir de la casa de empeño me gustaría contarles que las cosas mejoraron y que encontré un buen empleo, en donde sigo hasta la fecha y que me va muy bien, que el salario es increíble, incluso que ya me casé y tengo esposa y dos hijos. Pero la triste realidad es que no fue así, las cosas simplemente no han mejorado hasta la fecha en que escribo esto.

Les contare de manera muy resumida lo que ha pasado en mi vida desde que renuncie a la casa de empeño. Entre a trabajar brevemente como "psicólogo" (el cual no era realmente un trabajo de psicólogo como tal) en una empresa constructora de mi ciudad. Renuncié al poco tiempo ya que era indispensable tener un auto (imposible con esta economía), ya que parte del trabajo era moverme por varios fraccionamientos de la ciudad y algunos estaban de extremo a extremo, cosa que era sumamente costosa en taxi y tardada en transporte público, por lo que al final simplemente decidí renunciar.

Después viaje a CDMX debido a que aplique para una vacante de gobierno y lamentablemente no quede, decepcionado regrese a mi ciudad y aplique para una vacante de prefecto en una universidad y no me dieron el empleo, después aplique de nuevo para una vacante de maestro para otra universidad de la ciudad y tampoco me dieron el empleo. Desde entonces he estado aplicando para varias vacantes sin éxito.

Y al día de hoy sigo básicamente como comenzó este libro, desempleado y sin esperanzas. La única cosa diferente que ha pasado en mi vida y la cual me ha ayudado a no derrumbarme del todo, y sacar un poco de este dolor que tengo dentro, fue el animarme a escribir este libro.

Y es que aunque para ustedes esta pueda ser una

historia mas de alguien sufriendo por la falta de oportunidades en Latinoamérica, para mi representa el poder transformar todo este dolor que tengo dentro en una historia, y no terminar lanzándome de un puente. Una historia con la que estoy seguro muchos de ustedes se sentirán identificados, y aunque sé que no soy el único que pasa por esta situación y que probablemente existan casos (y existen) mucho peores, a veces se siente como si yo fuera el único que sufre esto mientras todos los demás avanzan.

Mi sueño es que este libro pueda comercializarse y eventualmente incluso poder vivir de escribir, que es lo que me ha estado salvando la vida desde que tengo memoria. Y que este libro pueda venderse en todo México e incluso en otros países. Aunque mientras escribo esto en la soledad de mi habitación, eso se escucha como un sueño muy lejano.

Pero si por un milagro del destino, la vida, Dios o como quieras llamarle. Resulta que fui capaz de lograrlo, si sucede que fui capaz de vender este libro y tú tienes una copia en tus manos o en tu computadora, y estas leyendo justo esto, antes que nada déjame darte las gracias. Ya que gracias a ti, tal vez pude comer el día de hoy y pude seguir dedicándome a escribir. En verdad muchas gracias.

Y si por el contrario este libro jamás sale a la luz, pues supongo que solo será leído por unos cuantos amigos y familiares de confianza, a los cuales les agradezco infinitamente el haber dedicado una parte de su tiempo para leerlo.

Da igual lo que suceda, lo importante es que pude plasmar una parte de mi historia. Y ahora alguien más, aparte de mi la conoce.

Versos escritos en la casa de empeño

A continuación los dejo con los escritos que realice cuando me encontraba en los momentos más angustiantes dentro de la casa de empeño. Estos escritos fueron realizados cuando me tocaba estar dentro de la caja, y fue lo que me ayudo a seguir adelante por un poco más de tiempo, ya que me ayudaba a sacar parte del dolor que tenía dentro. Espero que sean de su agrado.

¿Y la felicidad qué?

El día de hoy me siento especialmente cansado, no solo físicamente sino también emocionalmente. Y siento que son un reflejo el uno del otro. Siento como si me hubieran drenado toda mi energía física y mental, me siento como una máquina que funciona por pura inercia.

Cada día que pasa me siento más cansado, más vacío, más roto por dentro. Siento como si cada día tuviera que caminar sobre vidrios rotos con los pies descalzos. Y que de alguna manera tendría que estar agradecido por eso porque "otras personas no pueden ni caminar" y quisieran aunque fuera mínimo la "oportunidad de caminar sobre vidrios rotos"

¿Qué pasa conmigo? Será acaso que en realidad el problema soy yo y no mi alrededor. ¿será que mi mente está rota y sin importar lo que haga ni a donde vaya, este sentimiento de tristeza siempre me perseguirá?

Porque parece que para el resto la vida es más fácil o por lo menos no parecen ser víctimas de sus propios pensamientos y ahogarse en ellos cada 5 minutos. ¿Por qué pareciera que el resto conoce una manera de afrontar la vida sin caer en la desesperación? Y yo soy el único que no lo sabe.

Tal vez debería ir con el psicólogo para que me ayude a vencer todos mis demonios mentales pero la falta de dinero y tiempo son los obstáculos que siempre se interponen. Quizá la felicidad me fue negada desde el nacimiento debido a un desbalance de químicos en mi cerebro. Y con mi mala fortuna puede que sea lo más probable.

Tal vez es por eso que la felicidad se me escapa sin importar lo que haga. Ni la meditación, ejercicios de respiración, dormir o comer sano parecen alejar la nube oscura que sobre mí se cierne. Tal vez la felicidad que busco venga dentro de un frasco en forma de pastillas blancas, antidepresivos los llaman.

Y no me importaría tomarlas si eso aleja los

nubarrones y hace que salga el sol, incluso estaría dispuesto a enfrentar los efectos secundarios si esto me hace ver el mundo como realmente es. En lugar de distorsionarlo todo a través del cristal obscuro de mi mente.

¿Por qué?

El luchar día tras día por sobrevivir, perdiendo tu tiempo, felicidad, creatividad, etc. Dentro de 4 paredes, no lo llamaría precisamente vida. Siento como mi creatividad y energía lentamente se desvanecen y son remplazados por cansancio, asco, odio y una mente cada vez más zombificada.

Tengo asco hacia la gente y odio hacia mí mismo por no poder salir del pozo, estoy harto de estar siempre a merced de las circunstancias. Soy como un títere sin voluntad, mientras el destino mueve los hilos a su antojo y cada vez que intento escapar me sujeta con más fuerza y sin más opción tengo que soportar toda la mierda que me lance.

Soy como un bote de remos a la deriva en medio de un enfurecido mar, el cual en cualquier momento se estrellara contra las rocas. Y no importa cuánto me esfuerce por salir de esa tormenta, ni cuanto lo desee. Al final el mar siempre es más fuerte.

Entonces ¿de qué sirve mi fuerza de voluntad, deseos, albedrio, etc. Si al final la corriente siempre gana? Es como querer destruir una montaña a golpes, tal vez sea posible (siendo muy optimistas) pero me tomaría mil vidas el quizás hacerle solo un rasguño, y no dispongo de tanto tiempo.

Entonces ¿Cómo utilizar la tormenta y la inmovilidad de la montaña a mi favor? Acaso ¿será posible escapar de este laberinto para hámsteres? El cual parece que solo va en círculos.

Felicidad, ¿Qué es la felicidad? Y porque me cuesta tanto encontrarla. ¿Por qué mi mente parece un campo de batalla donde la paz no parece ser una opción? ¿Por qué imagino siempre lo peor ante cualquier situación? ¿Por qué escribo como único método para calmar el dolor?

Me pregunto si mi caos mental, ¿tendrá solución?

Quiero

Constantemente estoy buscando algo que no encuentro, no sé lo que es exactamente, ni su forma, tamaño o peso, pero sé que no lo encuentro

Cargo con un hueco permanente que intento llenar con piezas que encuentro en el camino, pero ninguna encaja perfectamente, los trozos son muy grandes o muy chicos

A veces deseo tanto que la pieza encaje que la coloco por la fuerza, sin darme cuenta que eso solo me produce grietas y me fragmenta

Constantemente viajo sin rumbo y dirección, pues hace tiempo que mi brújula se rompió

Perdí mi norte e intento guiarme con las estrellas, pero a veces no desean brillar para mí y no dejan que las vea

Estoy cansado de caminar y no llegar a ninguna

parte, es como si estuviera condenado a caminar para siempre sin encontrarte

Tengo miles de dudas, pensamientos y recuerdos sobre lo que fue, pero poco a poco se borran así que los plasmo sobre un papel

Quiero desaparecer y fundirme con el cosmos, tal vez convertirme en la estrella que guie a otro

Estoy roto más allá del punto sin retorno, solo es cuestión de tiempo para convertirme en polvo

Mis lagrimas hace tiempo que no salen, se quedaron guardadas en un cajón en lo más profundo de tus mares

El abismo me llama con una particular melodía, me roba la vida y no sé si quedan años o días

Quiero dejar de sentirme tan cansado, quiero dormir sin preocuparme por el pasado

Quiero que la vida no me deprima, quiero volver a sonreír de manera sencilla

Quiero, hay tantas cosas que quiero, quisiera no querer tener lo que no puedo

Quiero enfocarme en lo simple y sonreír con lo sencillo, quiero sentirme satisfecho conmigo mismo

Hace tiempo perdí algo que no encuentro, no sé lo que es exactamente, ni su forma, tamaño o peso, pero sé que no lo encuentro.

Epilogo

Y así es como finalmente llegamos al final de esta historia, llena de sus altibajos y en este caso más bajas que altas. Pero pese a todo lo que les he platicado a lo largo de este libro, me gustaría dejarlos con la siguiente reflexión.

Las empresas todopoderosas como son, eligen a su personal en base a distintos criterios y algunos de ellos bastante subjetivos en mi opinión, y sujetos a influenciabilidad. Eligen todo, desde el aspecto físico hasta la forma de vestir, estudios y habilidades que se deben de tener, lugar de residencia, estado civil, etc.

Y no parece muy justo que una empresa pueda elegir

cada aspecto de su empleado, mientras que los trabajadores solo podemos permanecer con la cabeza agachada, esperando ser dignos de ser contratados por dicha empresa.

Los trabajadores debemos empezar a unirnos y dejar de ser simples peones que eligen y desechan a su antojo las empresas. Debemos también empezar a ser exigentes y demostrar que la moneda tiene dos lados. Si las empresas controlan cada aspecto de lo que es un trabajador "ideal", nosotros debemos empezar a exigir y controlar los aspectos sobre lo que es una empresa "ideal" y elegirlas en base a estos, en pocas palabras es el turno de que ahora el trabajador elija a las empresas y no al revés.

Aquellas donde se otorgue un buen salario, con jornadas laborales decentes, en donde la empresa te proporcione todo el equipo que necesitas y un entrenamiento apropiado, una infraestructura adecuada para poder comer y descansar, oportunidad de crecimiento, buen clima laboral, que sea contratación directa con la empresa y no por terceros, que permita generar antigüedad, y que tenga una respuesta rápida a todas las inquietudes y problemáticas de los empleados.

Algo por debajo de eso ni siquiera debería ser considerado una empresa para trabajar. Sueño con un mundo donde todos puedan elegir un buen lugar para trabajar, y no tener que verse obligados a conformarse con las empresas de mala muerte que abundan en todos lados.

En este modelo capitalista actual en el que nos encontramos todo es negociable, excepto la generación de ganancias. Por lo que las empresas son capaces de todo con tal de mantener la generación de ganancias, como por ejemplo despedir los empleados que sean necesarios, destruir y agotar los recursos naturales, generación de basura y contaminación desmesurada, etc. Siempre y cuando esto les permita seguir obteniendo ganancias. De nosotros depende luchar para cambiar todo esto, y me gustaría cerrar este epilogo con un refrán.

"Sólo cuando el último árbol esté muerto, el último río envenenado, y el último pez atrapado, te darás cuenta que no puedes comer dinero."

– Sabiduría indoamericana –

ACERCA DEL AUTOR

Lic. En Psicología nacido en la ciudad de Reynosa, Tamaulipas.
México. Amante de la literatura y los gatos.

www.ingramcontent.com/pod-product-compliance
Lightning Source LLC
Chambersburg PA
CBHW022022150726
47990CB00002B/777